AF246159

OBSERVATIONS

SUR LA RÉSOLUTION DU CONSEIL DES CINQ-CENTS,

du 29 Nivôse an 6,

Relative à l'exécution provisoire des Jugemens en fait de Prise.

En temps de guerre, la course maritime est un moyen auxiliaire employé contre les ennemis de l'Etat.

On peut dire que les corsaires sont les voltigeurs ou les corps avancés des armées navales.

Ce n'est pas seulement pour l'intérêt des corsaires, *ni à cause des puissances neutres ou alliées de la République*, comme on le dit dans

A

la Résolution, que les lois sur la course doivent être conçues.

Elles doivent se proposer essentiellement le triomphe des armes de l'Etat, et le succès de la politique du gouvernement.

Toutes autres considérations doivent être sans cesse ramenées à ce principe fondamental.

La justesse de cette observation est surtout sensible dans les circonstances actuelles, où il s'agit de forcer la Grande-Bretagne à deposer le sceptre des mers qu'elle affecte sur les autres nations.

Si, de cette élévation de vues, on examine la résolution du 29 nivôse, ou reconnoît aussitôt qu'elle compromet les intérêts suprêmes de la république, et qu'elle est en discordance avec les grands préparatifs que le gouvernement déploie contre l'Angleterre.

On aperçoit d'abord, dans le *rapport* fait au nom de la commission, que l'objet de la pétition des armateurs du corsaire *la Ziza*, n'est pas complètement annoncé.

Le rapporteur s'est borné à dire, que ces armateurs *demandent que les jugemens rendus en matière de prise, ne puissent être exécutés au préjudice de l'appel, ou du pourvoi en cassation.*

Sans doute cette pétition avoit un objet moins général, plus conforme à l'intérêt de la course, et même à celui des armateurs de *la Ziza*.

Il est assez probable, par la nature des choses, que la mesure qu'ils sollicitoient ne tendoit qu'à empêcher *l'exécution provisoire des jugemens qui donnoient main-levée des prises, lorsqu'il y avoit appel ou pourvoi en cassation de la part des corsaires.*

Cette résolution a jeté l'alarme parmi tous les armateurs en course.

Le corsaire *la Ziza* ne peut pas avoir d'autres intérêts que tous les autres corsaires, et il y a erreur de la part de la commission sur l'objet de sa pétition.

Soumettons cette résolution devant le conseil des anciens, à l'épreuve de quelques réflexions, pour en provoquer le *rejet* indispensable.

On voit, dans le *rapport* qui la précède, et les *articles* dont elle est composée, que les corsaires et les navires pris y sont rangés sur la même ligne ; qu'ils y sont traités d'égal à égal ; et que l'objet de la loi est de les considérer sous un point de vue commun et uniforme.

Il y a dans ce systême une fausse application des principes de l'égalité, et une grande confusion des choses, très-différentes, ou, pour mieux dire, parfaitement opposées.

Assurément les membres d'un Etat doivent être envisagés comme ayant les mémes droits, et ce n'est qu'à leur égard qu'il est vrai de dire qu'il ne doit y avoir *de provisoire pour l'exécution des jugemens, que dans le cas d'urgence, et lorsqu'il est possible de réparer en définitif.*

Mais on ne doit pas étendre ces principes en faveur d'étrangers , qui sont d'autant plus en opposition d'intérêts avec les armateurs des corsaires, qu'ils sont présumés ennemis, jusqu'à ce que leur neutralité soit constante, par jugement passé en autorité de chose jugée , et contre lequel il n'y a pas de voie de rétractation.

1°. La constitution d'un Etat dérive essentiellement du droit de cité.

Et les étrangers qui sont hors l'association politique, ne peuvent pas être placés dans la constitution d'un Etat.

2°. Cette vérité est du droit des gens; elle est réciproque entre tous les peuples ; elle est le fondement du droit de guerre; c'est elle qui autorise à présumer ennemis tous les navires étrangers qui sont amenés dans les ports , encore qu'ils eussent arboré un pavillon neutre, parce qu'ils sont prévenus d'en avoir abusé.

3°. Les armateurs des corsaires sont *républi-coles* ; ils sont domiciliés ; ils ont le siége de leur fortune dans l'Etat ; ils travaillent pour le triomphe de la république.

Toutes ces considérations essentielles au droit de la course , sont adoptées par tous les peuples.

On est étonné , en général , de la force et de la violence du gouvernement anglais. Qu'on y fasse attention , sa grande fortune , jusqu'ici , ne provient que du principe d'où dérivent ces considérations.

Le gouvernement d'Angleterre inspire sans cesse à tous les Anglais cet orgueilleux égoïsme national , qui les porte à se croire au-dessus de tous les autres peuples , et à se permettre vis-à-vis d'eux les procédés injustes et vexatoires dont chaque jour nous offre de leur part de nouveaux exemples.

Et même n'est-ce pas ce principe patriotique,

présenté parmi nous sous des idées plus brillantes et plus justes , qui a fait triompher la grande nation de toute l'Europe ?

L'intrépidité de nos armées est due à l'enthousiasme que leur inspire la république.

On peut donc dire que c'est contre l'esprit national , contre la nature des choses , que la résolution du 29 nivôse assimile les étrangers aux français ; qu'elle place sur la même ligne les navires pris et les navires corsaires.

Cette idée d'impartialité et de justice, n'est que la confusion des élémens de l'ordre social ; elle n'est propre véritablement qu'à énerver le corps politique , et à paralyser les ressorts de la course maritime.

On a cependant consigné cette phrase dans le rapport : « Nous devons sans doute pourvoir » à tout ce qui peut favoriser la course , et à » la dégager des entraves qui en arrêtent ou » en retardent les progrès ; mais en nous occu- » pant de l'intérêt des citoyens , nous ne de- » vons pas négliger celui de la nation. »

La résolution présentée par des législateurs patriotes et instruits, fait pourtant l'inverse de ce qu'on annonce,

Et pour s'en convaincre, il ne faut que passer en revue chaque article de la résolution.

ARTICLE Ier.

« Tout jugement rendu sur le fait des prises
» maritimes , en première instance, ne peut
» être exécuté au préjudice de l'appel , à peine
» de nullité et de prise à partie contre les
» juges qui le prononceroient. »

Cette disposition frappe, comme on le voit , sur les armateurs des corsaires.

Et c'est-là où est le mal.

On ne pouvoit pas se dispenser de dire que l'appel seroit suspensif des jugemens de première instance, et qu'il ne pourroit être exécuté au profit des vaisseaux pris.

Il eût été facile à des juges mal disposés contre le gouvernement, de paralyser la course, en favorisant la soustraction des prises et l'éloignement des navires, par des jugemens d'exécution provisoire, au moyen de cautions toujours insolvables.

C'est ce qui n'arrivoit que trop , avant le 18 fructidor.

Mais pourquoi défendre l'exécution provisoire de ces jugemens rendus en faveur des corsaires ?

N'y a-t-il pas mille circonstances qui doivent l'autoriser ?

La disette de marchandises n'est - elle pas une raison suffisante ?

L'exécution provisoire en faveur des corsaires peut être laissée à la sagesse des tribunaux.

Il suffiroit, pour l'autoriser, de l'évidence de la validité de la prise.

Le plus grand ressort de la course est l'espoir de partager promptement le fruit des travaux et des succès.

Les étrangers ne peuvent pas se plaindre de cette mesure ; elle est dans le droit rigoureux de la guerre.

On ne peut pas y supposer des abus de la part des tribunaux, parce que ce seroit montrer trop de sollicitude en faveur des étrangers prévenus d'être ennemis.

Les étrangers sont hors des lois de l'Etat ; ils ne sont protégés que par le droit des gens, et ce droit respectable n'est point blessé par l'exécution provisoire.

L'exécution est réparable en définitif.

Les armateurs sont français.

Ils ont leur fortune et leur domicile dans l'Etat.

Un sacrifice d'argent peut désintéresser les étrangers.

D'ailleurs, cette exécution provisoire ne s'accorde, qu'avec l'obligation de présenter une caution.

Et c'est notre système général, de l'ordre judiciaire qui le veut ainsi.

Pourquoi en rompre les principes, au détriment manifeste de Français si utiles à la prospérité de l'Etat.

Pourquoi, enfin, l'article premier n'interdit-il pas l'exécution des jugemens au profit des navires pris, lorsqu'il y a pourvoi en cassation de la part des armateurs ?

Cette disposition étoit cependant bien essentielle.

Des armateurs ont gagné leur procès en première instance.

Sur l'appel, ils le perdent.

Mais ils se pourvoient en cassation.

Dans ce cas, les navires doivent-ils être libres de partir ?

Non, assurément.

Il est nécessaire, dans la nature des choses, et d'après la rigueur du droit de guerre, de faire une exception, en fait de prises, aux principes généraux des lois ordinaires entre les citoyens.

Dans l'ancienne jurisprudence, ce danger de soustraction n'existoit pas.

L'amiral avoit la puissance de le prévenir.

Notre organisation constitutionnelle ne considère point le fait extraordinaire des prises, et on peut dire qu'elle ne répond pas, à leur égard, aux circonstances d'urgence et de sévérité qui les accompagnent.

Art. II.

« Néanmoins la vente d'objets provenant » des prises maritimes, pourra être ordonnée » en tout état de cause, pour *avaries* réguliè- » rement constatées, ou en vertu d'un juge- » ment définitif, quoique susceptible d'ap- » pel. »

Cette disposition est superflue, d'après les lois existantes, qui autorisent la vente des marchandises avariées.

Elle est encore inutile, comme se trouvant naturellement comprise dans le cas d'exécution provisoire qu'il faut laisser à la sagesse des tribunaux d'apprécier.

A r t. I I I.

« Dans l'un ou l'autre cas, le produit de
» la vente sera déposé entre les mains du re-
» ceveur national de l'arrondissement du tri-
» bunal qui l'aura ordonnée, sauf la remise,
» en définitif, à qui il appartiendra. »

Cette disposition n'est propre qu'à jeter le
plus grand découragement dans la course.

S'il est une vérité reconnue par l'expérience,
c'est celle-ci : « Jamais les gouvernemens ne
» doivent s'immiscer dans les entreprises des
» citoyens, parce qu'elles ont besoin de la
» plus grande liberté et d'une confiance sans
» limites. »

Veut-on empêcher la prospérité des Etats ?
Introduisez l'action des gouvernemens sur les
fonds des entreprises particulières.

Comme il n'est pas de résistance contre leur
puissance immense, la crainte s'empare de tous
les esprits ; les bourses se ferment, et tout est
paralysé.

Cette disposition n'a pas le seul effet d'é-
veiller toutes les alarmes sur le produit des
prises, en cas *d'avaries ;* elle a le danger d'ins-
pirer des défiances sur l'avenir, par la possi-
bilité d'une loi plus ou moins prochaine, qui
ordonneroit le dépôt de la valeur des prises,
en une infinité d'autres cas.

Si le génie fiscal a dû jamais être circonspect sur quelques entreprises, c'est sur celles qui ont pour objet la course maritime.

N'est-ce pas assez de dangers à éprouver que tous ceux des mers, et le hasard des combats ?

L'ordre judiciaire actuel est déjà si peu en harmonie avec la nature des prises, qu'on doit bien plutôt s'occuper à perfectionner les lois, sous ce grand rapport d'intérêt public, qu'à y joindre des entraves fiscales, qui ne sont propres qu'à dégoûter les armateurs.

A r t. I V.

« Cette remise (du dépôt) sera exigible
» du consignataire, sur la notification à lui
» faite par le capteur ou le capturé, *d'un ju-*
» *gement qui aura statué sur la prise, en dernier*
» *ressort, à la charge par celui qui aura obtenu*
» *le jugement, de donner caution de la valeur qui*
» *lui sera délivrée.* »

La dernière partie de cette disposition détruit les lois existantes, et cela, seulement au préjudice des armateurs.

On sait qu'en général, et sans exception,

les jugemens en dernier ressort sont exécutés, nonobstant le pourvoi en cassation , qui n'est pas suspensif.

Jamais les parties au profit desquelles ces sortes de jugemens sont intervenus, ne sont assujetties à donner caution de leur exécution.

Pourquoi donc agraver ici le sort des armateurs , en les obligeant à donner une caution dans ce cas ?

Sur quoi fonde-t-on cette *exception* au droit commun ?...

Et cependant la loi ne dit pas que le pourvoi en cassation, de la part des armateurs , suspendra l'exécution des jugemens en dernier ressort favorables aux capturés.

Et elle n'assujettit pas ceux-ci à cette caution , lorsqu'ils peuvent exécuter ces jugemens, nonobstant le pourvoi ?

On voit donc qu'il n'y a pas même là de réciprocité , et que tout est au préjudice de la course.

Les articles suivans ne sont relatifs qu'à la solvabilité des cautions à fournir par les armateurs , sur laquelle solvabilité on a ouvert toutes facilités aux capturés, pour élever une infinité de difficultés.

Il est bien évident que la commission du conseil des cinq-cents, dont le patriotisme ne peut être suspect, n'a pas voulu faire adopter des principes destructifs de la course.

Cependant, tel seroit l'effet immédiat de la résolution, que la course seroit paralysée, si cette résolution étoit convertie en loi.

Des idées de philantropie et de justice impartiale ont fait dériver des principes naturels du droit de la guerre maritime, et sacrifier trop rapidement les grands intérêts de la république.

Et dans quel moment ?

Lorsque toute l'action du gouvernement se déploie pour assurer le succès d'une descente à laquelle les armemens en course doivent si puissamment contribuer.

Après ces observations, il est assez évident que la résolution ne peut être approuvée par le conseil des anciens.

Trois motifs essentiels devoient guider la commission du conseil des cinq-cents.

1°. Les étrangers sont hors la constitution ; ils ne peuvent se plaindre d'être moins bien traités par les lois que les *républicoles*.

2°. Les navires pris sont toujours prévenus d'être ennemis ; ils sont soumis au droit rigoureux de la guerre : on ne peut user de mesures trop sévères envers eux, tant qu'on ne violera pas le droit des gens.

3°. Les armateurs des corsaires sont Français ; ils ne sont point tenus à fournir caution envers les étrangers.

Ce sont les étrangers, au contraire, qui doivent fournir des garans aux républicoles. Les corsaires sont les défenseurs auxiliaires de la patrie ; et l'esprit public doit être stimulé en leur faveur.

La résolution provoquée par les armateurs du corsaire *la Ziza*, auroit pu être rédigée en ces termes :

ARTICLE Ier.

Nul jugement sur le fait des prises, qui donneroit main-levée, soit du navire, soit de la cargaison, ne peut être exécuté au préjudice de l'appel : défenses sont faites aux tribunaux d'en ordonner l'exécution provisoire, même en donnant caution.

A r t. I I.

Tout jugement en fait de prises, intervenu au profit des corsaires français, pourra être exécuté par provision, nonobstant l'appel. Les tribunaux sont autorisés à ordonner cette exécution provisoire, selon leur prudence, et toujours dans le cas d'avaries.

A r t. I I I.

Le pourvoi en cassation, de la part des armateurs, et non autrement, contre tout jugement rendu au profit des capteurs, sera suspensif d'exécution.

De l'Imprim. de PORTHMANN, Successeur du cit. DESENNE, rue des Moulins, No. 546.

9 782014 084191